30日のイタリアン

相場 正一郎

はじめに

　高校を卒業してすぐイタリアに料理修行に出た僕が生まれて初めて働いたのは、本場のイタリアンレストランでした。まっさらだった僕は、日々イタリアンの奥深さに感動しながら、素直な気持ちで次々と吸収していきました。料理に心から興味を持ち、今では想像できないほどの速さで様々な事柄を習得できたことはとても幸運でした。

　日本とイタリアには大きな食文化の違いがありましたが、僕が一番に感じたのは、野菜の味の豊かさでした。イタリアの野菜は日本のものと比べてとても大きく、色鮮やかですが、決して大味ではありません。それぞれの野菜が持つ味の個性が凝縮されていて濃厚で、かつ優しく繊細な甘味も感じられます。

　日本の野菜は、日本人の味覚、日本の料理にあうように改良されてきた歴史があるのだと思います。しかし、美味しいイタリアンを作るという視点で考えた時に、イタリアの風土が生み出した味のしっかりとした野菜こそがふさわしく、今でもイタリアの野菜の味が世界一だと僕は思っています。

　日本で日々イタリアンを楽しむことを考えた時に、イタリアの輸入野菜だけで調理をすることは現実的ではありません。それに野菜は鮮度が大切なので、全てイタリア産の野菜を使ったとしても同じ味を再現することは不可能です。

　ある時、四季のある日本の野菜にひと工夫することで、日本でしか作れない、日本人の味覚にあうイタリアンを作り出せることを発見しました。旬の新鮮な野菜に少しだけ魔法をかけることで、コクを際立たせることができるのです。

　それは何ら特別なことではなく、どの家にもある食材や調味料でできる、簡単なコツのようなものです。そして偶然にもそれが、野菜が苦手な人にとっての苦痛な部分を和らげることになっていました。無意識のまま、野菜嫌いの人でも美味しく食べられる料理を生み出していたのです。

　この本では野菜が好きな人はもちろん、苦手な人でも楽しめる、日本の旬の野菜を美味しくいただくためのメニューを紹介しています。あわせて、家庭の台所、道具、手に入れやすい食材で簡単に作れる、20分以内で完成する料理ということも大きな基本としました。

　そして、ざっくりとではありますが30メニューを野菜の旬にあわせて、春夏秋冬と季節の順に並べました。しかし、食材を替えても美味しくできるメニューばかりなので、家にあるもので自由に作ってください。

　僕のレストランで出している料理は、野菜が苦手でも食べられるという声をいただくことがよくあります。それはおそらく、僕がイタリアで体験した、コクのある野菜の味を表現しているからだと思います。それを家庭でも手軽に味わっていただきたいという気持ちで本書を綴りました。旬の野菜が持つ、本当の旨味を感じてもらえたら嬉しいです。

イタリアンを美味しくする調味料

イタリアンを作るのはとっても簡単で、特別な技術や道具は必要ありません。基本的に家にある調理器具で、普段あまり料理をしない人でもさっと時間をかけずにできる、頼もしい存在です。とはいうものの、やはり日本食とは違うので、家で本格的な美味しいイタリアンを作るために常備しておくと便利な調味料があります。はじめに、台所にあると心強い調味料をいくつか紹介します。登場するのは僕が普段愛用しているものですが、この銘柄でないといけないということは全くありません。手に入れやすいもので、気軽に作ってください。

オリーブオイル

イタリアンには必要不可欠で、一番に手に入れて欲しい万能な調味料です。北イタリア産は味も色も濃いものが多く、肉料理のような味の強いものとあいます。南イタリア産はあっさりしていてみずみずしい香味があるものが多く、魚料理やサラダにおすすめです。

ドライトマト

栄養豊かで滋味のつまったトマトを天日干しして作られ、生のものより旨味が濃厚に凝縮されています。和食におけるダシのような存在で、食材の美味しさを引き出してくれます。水で戻して使うカリカリに乾燥させたものと、それをオイル漬けにしたセミドライと呼ばれるものがあり、僕は手軽な後者をよく使います。

バルサミコ酢

ブドウを長期熟成して作られる果実酢で、高い香りと深く豊かな酸味があります。かつては薬として食されていました。赤と白があり、ワインと同じように赤は肉料理、白は魚料理にあいます。味噌や醤油などの和の食材とも案外あうので、いろいろな料理に活用できます。

アンチョビ

カタクチイワシを塩漬けにして熟成させた後、オイル漬けにしたものです。塩気とともに魚介の旨味が濃縮されているので、料理に加えるとコクと深みがぐっと増します。缶や瓶に入った切り身のフィレと、チューブに入ったペーストがあります。僕は、塩気と香味を口に残したい時はフィレ、隠し味にしたい時はペーストを使います。

塩

粉状の一般的な塩と、粒の大きな岩塩の2種類を上手く使い分けると、イタリアンはぐっと美味しくなります。僕は、調味の時は粉状のもの、パスタや野菜をゆでる時は岩塩を使います。ゆでる時に麺や野菜に塩気を染み込ませると美味しくなるのですが、岩塩を使うとしっかり味をつけられます。

ケッパー

ケッパーという木のつぼみを酢漬けにしたもので、みずみずしく爽やかな酸味があります。サラダやチーズとあわせたり、ピザに載せたり、魚料理に加えたりと、様々な料理で酸味を利かせたいときに活躍します。優しい酸味なので、酸っぱいものが苦手な人でも美味しくいただけます。

美味しいイタリアンを作るための7つのハーブ

肉や魚の臭みを消して防腐の役目を果たし、心地良い香りで味に深みを与えてくれる、イタリアンに欠かせない存在がハーブです。ハーブとは、日々の暮らしに役立つ植物の総称で、その多くはイタリアのある地中海沿岸が原産地です。古代から人々は食用だけでなく、薬用、美容など様々に活用してきました。

　あまり目立たないけれど、これがなければ美味しいイタリアンを作ることができないといっても過言ではない、影の主役だと僕は思っています。世の中には数えきれないほどたくさんの種類がありますが、イタリアンになくてはならない7つを紹介します。

1　イタリアンパセリ
清涼感のある香りは特にトマトと相性がよく、数多くの料理で使われる欠かせないハーブです。僕はいつも、縮れた葉のカーリーパセリより端正な香味のあるイタリアンパセリを使っています。

2　セージ
清涼感があり、高い芳香を持っています。高い薬効があり、美味しくいただきながら種々の病気を予防してくれる嬉しい存在です。万能薬としても利用され、不老長寿のハーブとも呼ばれています。

3　オレガノ
ピリリとした味わいで、多様な食材と相性がいいです。乾燥させると香りが引き立つためドライを使うことが多いですが、生の葉が手に入る夏場は、新鮮な香味を生かして調理することもあります。

4　バジル
高い殺菌作用と心地いい強い香りを持っています。チーズやトマトとあわせて使うことが多いですが、肉、卵、野菜、魚など種々の食材と相性がいい万能選手で、ハーブの王様とも呼ばれています。

5　ディル
清涼感のある芳香は特に魚と相性がよく、魚と一緒に蒸したり焼いたりして食べることが多いです。そのため魚のハーブとも呼ばれます。新鮮な生のものはサラダとしていただいても美味しいです。

6　ローズマリー
高い消臭、殺菌効果があるため、肉や魚料理の臭み消しとして古代から使われてきました。優れた薬効があり、強い芳香は老化防止に働くといわれています。若返りのハーブとも呼ばれています。

7　ミント
強い清涼感があり、大腸菌にも効果を発揮するほどの高い殺菌力があるので、特に夏場の調理で重宝します。ミントは多品種ありますが、料理にはほどよい爽快感のスペアミントがおすすめです。

 1
giorno

キャベツのペペロンチーノ
Cavolo verza all'aglio, olio e peperoncino

春キャベツのしっかりとした歯触りと、優しく奥深い滋味が存分に味わえます。トウガラシを使いますが、春先の甘味の強いキャベツとニンニクの芳しい香りをしっかりとあわせるので、辛いものが苦手な人でも抵抗なく、美味しく食べられます。

材料　2人分
キャベツ ・・・ 1/4個　　アンチョビフィレ ・・・ 5尾分
ニンニク ・・・ 3かけ　　トウガラシ ・・・ 2本
オリーブオイル、岩塩 ・・・ 適量

1 キャベツを食べやすい大きさに切る。芯は取り除く。

2 フライパンにたっぷりのオリーブオイルと、つぶしたニンニク、手でちぎったトウガラシ、アンチョビフィレを入れる。

3 ニンニクを焦がさず、しっかり香りが出るようにフライパンを回しながら中火で炒める。

4 鍋にたっぷりの水と、岩塩を大さじ2くらい入れて沸騰させる。

5 鍋にキャベツを入れてゆでる。しんなりして、色が鮮やかになったらすぐに湯から上げる。

6 ボールに3と5を入れ、しっかりあえる。

＼レシピ ポイント／

キャベツはゆでると甘味が増し、色鮮やかになります。しかし、ゆですぎてしまうとせっかくの食感が損なわれるので、しんなりしてきたらすぐに湯から上げます。辛いものが苦手な方は、トウガラシを1本にしてください。

 # 菜の花のボンゴレ

Rigatoni con le vongole e nanohana

giorno

春の訪れを告げる菜の花と、春が旬のアサリを使い、日本の春を表現した和風イタリアンです。菜の花のほろ苦さが苦手な人も、アサリの甘味とトマトの酸味が和らげてくれるので、口の中に春の香りを迎えるような感覚であっさり食べられます。

材料　2人分

菜の花 ･･･ 1束　　アサリ ･･･ 30個　　トマト ･･･ 1個

白ワイン ･･･ 50cc　　ニンニク ･･･ 1かけ　　砂糖 ･･･ ひとつまみ

オリーブオイル、塩、岩塩、イタリアンパセリ ･･･ 適量

リガトーニ ･･･ 120g

下準備

ニンニク、イタリアンパセリを刻む。アサリを海水と同じ約3％の濃度の塩水につけて、砂抜きする。菜の花をさっとゆでて、食べやすい大きさに切る。

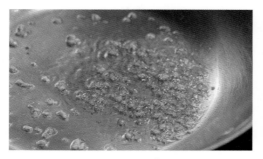

1 フライパンにオリーブオイルとニンニクを入れ、少し焦げ目がつくまで中火で炒める。

2 アサリと白ワインを加える。

3 アサリが開いたら、菜の花とイタリアンパセリを加える。

4 汁気が少ないようなら、パスタのゆで汁を少し加えて調整する。

5 沸騰した湯にたっぷりの岩塩（塩分濃度1％くらい）を入れてゆでたリガトーニを加え、よくふってからめる。

6 ざく切りにしたトマト、オリーブオイル、塩、砂糖をボールでまぜあわせ、上に盛りつける。

╲ レシピ ポイント ╱

アサリは身が外れないように、調理前に常温にしておきます。白ワインを加えたら、あまり動かさないようにします。菜の花を入れたら、今度はフライパンをよく回して、魚介の旨味が染み出したソースをたっぷりと吸わせます。

ルッコラと牛肉のタリアータ

Tagliata di manzo con rucola

giorno

タリアータは薄く切った牛肉を緑野菜と一緒にいただく、サラダのような肉料理です。風味豊かで、少し辛味のある爽やかなルッコラをたっぷりあわせました。牛肉は脂肪の少ない赤身がおすすめで、肉厚なものを使うと美味しく仕上がります。

材料　2人分

ルッコラ・・・お好みの量　　牛肉・・・300g

バルサミコ酢・・・大さじ2

オリーブオイル、塩、黒コショウ、パルメザンチーズ・・・適量

下準備

牛肉に塩と黒コショウをふる。ルッコラをさっと水洗いし、根元を切る。

1 フライパンにうすくオリーブオイルをしき、牛肉を中火で焼く。

2 片面4分ずつ、計8分くらい。

3 火を止めて蓋をして5分くらいおき、余熱で肉の中までじんわり加熱する。

4 ボールにオリーブオイルとバルサミコ酢を大さじ2ずつ入れてよくまぜる。

5 牛肉を食べやすい大きさに切る。

6 皿に牛肉を載せ、上からたっぷりのルッコラを盛る。4のソースをかける。お好みでパルメザンチーズをかける。

＼ レシピ ポイント ／

牛肉は冷蔵庫から出しておいて、常温にしたものを使うと美味しく仕上がります。牛肉を焼く時は、フライパンを動かしたり、何度もひっくり返すと旨味がつまった肉汁が出てしまうので、返す時以外は触らないようにします。

アスパラガスのバタークリームスパゲッティ

Spaghetti agli asparagi con panna e burro

giorno

バジルはトマトとあわせることが多いけれど、バターと生クリームともよくあい、
濃厚さの中に爽やかな風味のある深い味に仕上がります。甘く歯触りがいい春のア
スパラガスとの組みあわせが絶妙で、体験したことのない新鮮な味が楽しめます。

材料　2人分

アスパラガス ・・・ 6本　　　バジル ・・・ 10枚　　　生クリーム ・・・ 80cc

バター ・・・ 30g　　　パルメザンチーズ ・・・ 大さじ2

塩、岩塩 ・・・ 適量　　　スパゲッティ ・・・ 120g

1 沸騰した湯に岩塩を加え、アスパラガスを1分ほど下ゆでする。ゆで上がったら1.5cmくらいの斜め切りにする。

2 フライパンにバターを入れて中火にかけ、アスパラガスと塩をひとつまみ、パスタのゆで汁を少し加えてよくからめる。

3 全体があわさったら、生クリームとバジルをちぎりながら入れて、焦がさないようによくまぜながら煮込む。

4 全体的に火が通ったら、沸騰した湯にたっぷりの岩塩を入れてゆでたスパゲッティを加える。

5 パルメザンチーズと水を50ccくらい入れる。

6 よくからめる。お好みでパルメザンチーズとちぎったバジルを上に飾る。

＼レシピ ポイント／

バターと生クリームだけだとソースが少しもったりとしてしまうので、最後に水を加えてサラリと仕上げます。完成した直後はサラっとしていても、少し時間が経つと余熱でキュッとしまり、ちょうどよい食感になります。

ソラマメとエビのフリット

Frittura di fave e gamberi

giorno

フリットは揚げ物のことで、ソラマメとエビのイタリアン風かき揚げです。晩春に
なるとイタリアの市場にも旬を迎えたソラマメが並びます。イタリアでは生のまま
チーズとあえて食べることが多いですが、カラッと揚げて甘味を引き出しました。

材料　2人分

ソラマメ・・・6さや　　エビ・・・10尾　　薄力粉・・・140g
卵・・・1個　　冷水・・・140cc　　レモン・・・1/8個
サラダオイル、塩、岩塩、黒コショウ・・・適量

下準備

ソラマメのさやを外して豆を取り出し、軽く水洗いする。エビの背わたを取り、横に半分に切る。
衣を作る。ボールに卵を割り入れて溶き、冷水を加えまぜる。薄力粉を入れてさっくりまぜる。

1 鍋にたっぷりの水と岩塩を大さじ2くらい入れて沸騰させ、ソラマメを1〜2分ゆでる。

2 湯から上げて、冷めたら皮をむく。

3 ボールにソラマメとエビを半分の量入れて、塩をひとつまみふる（2回に分けて揚げる）。

4 衣（半分の量）をボールに入れ、さっくりまぜる。

5 鍋にたっぷりのサラダオイルを入れて、中火にかける。180℃になったら4を揚げる。

6 表裏2分くらいずつ揚げる。3〜6の手順でもうひとつ揚げる。お好みで塩と黒コショウをふり、レモンをそえる。

＼レシピ ポイント／

衣はしっかりとまぜすぎないように、さっくりとあわせます。かき揚げを作る時と同じ要領で、バラバラにならないように中心に寄せながら揚げます。ソラマメ以外の野菜でも美味しくできるので、いろいろと試してください。

トマトとホタルイカのカサレッチェ

Casarecce con pomodori e calamari lucciola

giorno

ほろ苦く旨味たっぷりのホタルイカをワタごと使います。トマトの酸味と甘味、そしてポルチーニの豊かな香りで優しく包んだ贅沢なソースです。シチリア島で生まれた魚介によくあうS字型のもちもちショートパスタ、カサレッチェを使います。

材料　2人分

トマト ・・・ 1個（小なら2個）　　ホタルイカ（ボイル）・・・ 15〜20個
乾燥ポルチーニ ・・・ 10枚　　ニンニク ・・・ 1/2かけ
トウガラシ ・・・ 1本　　白ワイン ・・・ 50cc　　カサレッチェ ・・・ 120g
イタリアンパセリ、オリーブオイル、塩、岩塩・・・適量

1 トマトをざく切りに、トウガラシを小口切りに、ニンニクをみじん切りにする。

2 オリーブオイル、ニンニク、トウガラシを入れて中火にかけ、チリチリと音がしてきたらホタルイカを入れて軽く炒める。

3 ニンニクに少し焦げ目がついたら、白ワインと、乾燥ポルチーニを手で崩しながら入れる。

4 乾燥ポルチーニがしんなりしてきたら、トマト、塩をひとつまみ、刻んだイタリアンパセリを加えてひと煮立ちさせる。

5 沸騰した湯にたっぷりの岩塩を入れてゆでたカサレッチェを加える。

6 よくからめる。お好みで刻んだイタリアンパセリをふりかける。

＼レシピ ポイント／

乾燥ポルチーニは手で崩してフライパンに入れ、加熱しながら戻します。そうすることで戻し汁まで余すところなくソースに溶け込み、旨味が染み渡ります。食感もしっかりと残り、コリコリとした歯触りが楽しめます。

ピーマンのホールソテー

Peperone intero in padella

7 giorno

ピーマンは種を取るのが少し面倒で、種が口に入ると異物感がありますが、カットせずそのまま蒸し焼きにすると、種も筋も柔らかくなって美味しくいただけます。蒸し焼きになった種は香ばしく、今まで味わったことのないピーマンが楽しめます。

材料　2人分

ピーマン ・・・ 6個　　セミドライトマト ・・・ 3個

ケッパー ・・・ 小さじ 1/2　　アンチョビペースト ・・・ 小さじ 1/2

イタリアンパセリ ・・・ 小さじ 1/2　　乾燥オレガノ ・・・ 小さじ 1/2

オリーブオイル、塩 ・・・ 適量

1 鍋にオリーブオイルをしき、ピーマンを
そのまま入れて塩をひとつまみふる。

2 中火でじっくり焼いていく。全体に焦げ
目がつくように、こまめに回しながら焼
いていく。

3 焦げ目がついたら蓋をして6〜8分弱火
で蒸し焼きにする。焦げないように途中
ピーマンを返しながらじっくり焼く。

4 ボールにセミドライトマト、ケッパー、
アンチョビペースト、刻んだイタリアン
パセリ、オレガノを入れる。

5 オリーブオイル大さじ5をふりかけ、よ
くまぜる。

6 5に焼き上がったピーマンを入れ、全体
をよくあえる。

＼レシピ ポイント／

ピーマンをまるごと焼くことで中が蒸されて、種までしっかり火が通ります。
どこも切らずにそのまま焼いてください。下処理をする手間も省けて調理が
とても簡単です。ピーマンがしんなりするまで、じっくりしっかり焼きます。

タマネギと牛肉の赤ワイン煮込み

Manzo in umido con cipolla al vino rosso

giorno

新タマネギの甘く優しい食感に、牛肉の旨味をぎゅっと凝縮させた、春に楽しんで
欲しい料理です。牛肉は適度な脂身があって、甘く柔らかいサーロインがおすすめ。
赤ワインソースで煮込みますが、アルコール分は飛んで芳しい風味だけが残ります。

材料　2人分

タマネギ・・・1個　　牛肉・・・200g　　赤ワイン・・・200cc

固形ブイヨン・・・1個　　ローズマリー・・・2枝

バター・・・20g

オリーブオイル、塩、黒コショウ、イタリアンパセリ・・・適量

下準備

牛肉に塩と黒コショウをふる。

1 タマネギを、繊維に対して垂直に薄切りにする。

2 水にさらして辛味をとったら、よく水を切る。

3 フライパンにオリーブオイルをしく。タマネギ、ローズマリー1枝、塩ひとつまみを入れしんなりするまで中火で炒める。

4 赤ワインと固形ブイヨンを加える。最初は強火でアルコール分を飛ばし、その後中火でとろりとするまで煮込む。

5 別のフライパンにオリーブオイルをうすくひき、牛肉とローズマリーを1枝入れて、両面1分ずつくらい中火で焼く。

6 4を牛肉の上にかけて、バターを載せる。バターが溶けたら完成。お好みで刻んだイタリアンパセリをふりかける。

＼レシピ ポイント／

タマネギの繊維を断ち切るように切って、水にさらしておくことで、辛味がおさえられます。甘味をしっかり味わえるだけでなく、煮込んでいく時に断面から水分が出るので、とろりとした柔らかな食感に仕上がります。

 9 giorno

米ナスのオーブン焼き

Melanzane farcite al forno

イタリアには日本でよく目にする中長ナスはなく、丸く大きな米ナスが一般的。米ナスをピザ生地のようにして、チーズとトマトソースを載せ二段に重ねたオーブン焼きは、イタリア修行時代から作り続けている、僕の定番料理のひとつです。

材料　2人分

米ナス ··· 大1個　　モッツァレラ ··· 100g

トマトソース ··· 大さじ4　　バジル ··· 6枚

アンチョビフィレ ··· 2尾分　　パン粉 ··· 大さじ1

オリーブオイル、塩、パルメザンチーズ ··· 適量

下準備

米ナスの皮を、皮むき器などでシマシマ模様になるように半分むく。

1 ナスの両端を切り落とし、4等分する。

2 キッチンペーパーの上にしき、両面に塩をふる。出てきた水気を拭き、しっかりアクを取る。

3 フライパンにオリーブオイルをしき、中火でナスを焼く。両面に焦げ目がつく程度。

4 耐熱皿にナス2枚を置き、トマトソース、モッツァレラ、刻んだアンチョビフィレ、手でちぎったバジル、パン粉を載せる。

5 その上にナスを置き、4と同じ材料を載せて2段重ねにする。パルメザンチーズをたっぷりふりかける。

6 オリーブオイルをかけ、250℃のオーブンで3分ほど焼く。

＼レシピ ポイント／

米ナスは皮が硬いので、皮むき器などでシマシマ模様になるようにむくといい食感になります。中長ナスでも作れますが、その際は皮はむかずにそのまま調理します。米ナスの両端は使わないので、他の料理に活用します。

 10
giorno

オクラとイクラの冷製パスタ
Pasta fredda con gombo e uova di salmone

オクラのネバネバとイクラのプチプチが楽しめるよう仕上げた冷製パスタ。イクラの代わりにミョウガを使っても美味しくできます。好みの夏野菜で自由に作ってください。冷製パスタには細めのパスタ、フェデリーニやカッペリーニがあいます。

材料　2人分
オクラ・・・4本　　イクラ・・・大さじ2　　トマト・・・1/2個
アンチョビペースト・・・小さじ2　　釜揚げシラス・・・40g
青ネギ・・・3本　　オリーブオイル、塩、岩塩・・・適量
フェデリーニまたはカッペリーニ・・・120g

1 オクラとトマトを細かく切る。青ネギは小口切りにしておく。

2 ボールにトマト、イクラ、釜揚げシラス、青ネギ、アンチョビペースト、オリーブオイルを大さじ3入れる。

3 沸騰した湯にたっぷりの岩塩を入れて、パスタを通常のゆで時間よりも1分半ほど長くゆでる。

4 ゆで上がったら、すぐに氷水に入れてしめる。パスタをキッチンペーパーで包んで水気を切る。

5 2の具材が入ったボールにパスタを加えてよくからめる。塩で味を調整する。

6 皿に盛りつけて、最後にイクラ、青ネギ、オリーブオイルをかける。

＼レシピ ポイント／

冷製の時はパスタを氷水でしっかりしめてから使うので、僕はいつも記載されている指定の時間よりも1〜2分ほど長めにゆでます。自分の好みの食感になるように、パスタのゆで時間は自由に調整してください。

 11
giorno

キュウリのパンツァネッラ
Panzanella

トスカーナでよく食べられる、パンを使った夏の定番サラダ。硬くなった残りもの
のパンを水に浸して作るのが一般的ですが、僕はカンパーニュをそのまま使います。
サラダとパンは最高の組みあわせで、一度食べたらやみつきになる美味しさです。

材料　2人分
キュウリ･･･1本　赤タマネギ･･･1/4個　ミニトマト･･･4個
セミドライトマト･･･5個　ツナ缶（オイル）･･･1缶
カンパーニュ（またはバゲット）･･･スライス2枚
バジル･･･10枚　バルサミコ酢･･･大さじ1
オリーブオイル･･･大さじ2　塩、黒コショウ･･･適量

下準備

キュウリを細切りにする。ミニトマトを4等分する。赤タマネギをスライスする。

1 スライスした赤タマネギを酢水にさらす。

2 カンパーニュを5mm角くらいのさいの目状に切る。

3 ボールにキュウリ、赤タマネギ、ミニトマト、セミドライトマト、ツナ缶（オイルも一緒に）、カンパーニュを入れる。

4 バジルを手でちぎりながら入れる。オリーブオイルとバルサミコ酢をかける。

5 全体をさっくりと、軽くあえる。

6 塩と黒コショウをふりかけ、皿に盛る。

＼ レシピ ポイント ／

完成した後、しばらく冷蔵庫で寝かせると味がなじんで、さらに美味しくなります。バゲットなどでも美味しくできます。食パンのような柔らかいものではなく、味が濃く歯ごたえのしっかりしたパンがおすすめです。

トウモロコシのリゾット
Risotto al mais

giorno

トウモロコシの優しい甘味と歯ごたえを味わう料理。僕はゴールドラッシュという粒が大きい種類を使っていますが、旬のものは生で食べられるほどの甘さです。主な食材はトウモロコシとお米だけ。冷や飯でも作れるので、すこぶる簡単です。

材料　2人分
トウモロコシ・・・1本　　パルメザンチーズ・・・30g

バター・・・30g　　オリーブオイル、塩、黒コショウ・・・適量

米・・・100g

下準備

鍋に水を 200cc くらい入れて沸騰させる。米を入れて、塩をひとつまみふり、中火で 10 〜 15 分ゆでる。

1 トウモロコシを適当な長さに切る。まな板に立てて、包丁を上から下まですべらせるようにして粒を外す。

2 フライパンにオリーブオイルを多めにひき、あたたまったらゆでた米、トウモロコシを入れる。

3 黒コショウをふり、中火で炒める。

4 トウモロコシに火が通ってきたら、全体が浸るくらいの水を入れる。

5 ひと煮立ちしたら火を止め、バターを加えてまぜる。

6 パルメザンチーズを加えてまぜる。お好みで黒コショウをふりかける。

＼レシピ ポイント／

缶詰ではなく新鮮な夏の生のトウモロコシで作って欲しい料理です。プチプチとした食感を楽しむために、時間をかけずさっと調理します。パルメザンチーズを減らして薄味に仕上げ、生ハムを載せても美味しく仕上がります。

ズッキーニとエビのペンネ

Penne alle zucchine e gamberi

giorno

ズッキーニをはじめとする色鮮やかな緑野菜をたっぷり使ったペンネ。緑野菜とエビ、イタリアンに欠かせない定番ハーブのバジルとオレガノの組みあわせは絶品です。お好みの新鮮な緑野菜を使って、自由にアレンジしてください。

材料　2人分

ズッキーニ、芽キャベツ、インゲンなど … お好みの量　　エビ … 10尾
バジル … 5枚　　セミドライトマト … 6個　　ケッパー … 小さじ2
乾燥オレガノ … 小さじ2　　ニンニク … 1/2かけ　　ペンネ … 120g
オリーブオイル、イタリアンパセリ、塩、岩塩 … 適量

下準備

エビは背ワタを取って、軽く塩をふる。ズッキーニ、芽キャベツ、インゲンを食べやすい大きさに切る。ニンニク、ドライトマト、ケッパーを一緒に刻む。

1 フライパンにオリーブオイルを多めに入れる。ニンニク、セミドライトマト、ケッパー、オレガノを入れ、中火で炒める。

2 香りが立ってきたら、エビを入れる。

3 エビの色が変わったら、緑野菜を入れて炒める。

4 火が通ったら、パスタのゆで汁を少しと、バジルを手でちぎりながら加える。

5 沸騰した湯にたっぷりの岩塩を入れてゆでたペンネを加える。

6 よくふってからめる。オリーブオイルと刻んだイタリアンパセリをふりかけ、バジルを飾る。

＼レシピ ポイント／

ニンニク、ドライトマト、ケッパーは香りが出るように細かく刻んで、しっかりあわせます。ショートパスタのペンネを使いますが、記載されている時間だと少し硬いことがあるので、僕は1分ほど長くゆでるようにしています。

インゲンとフェタチーズのサラダ

Insalata con feta e fagiolini

giorno

色鮮やかな緑の夏野菜で作る、緑と白の配色が美しい華やかな真夏のサラダです。ヒツジの乳から作られるフェタチーズは少しクセがありますが、爽やかな酸味とほどよい塩気があるので、汗をたくさんかき、食欲が落ちる暑い季節にぴったりです。

材料　2人分

インゲン・・・15 さや　　スナップエンドウ・・・15 さや
ブロッコリー・・・小1株　　フェタチーズ・・・80g
オリーブ、ケッパー・・・各10個　　パルメザンチーズ・・・大さじ2
オリーブオイル・・・大さじ3　　塩、黒コショウ・・・適量

下準備

インゲンのヘタとスジを取る。スナップエンドウのスジを取る。ブロッコリーをひと口大に切る。

1 沸騰した湯に岩塩をひとつまみ入れ、ブロッコリーとインゲンを2分ほど、スナップエンドウを30秒ほど下ゆでする。

2 スナップエンドウをスジがあった方から開く。

3 フェタチーズを5mmくらいのさいの目状に切る。

4 ボールに、野菜、フェタチーズ、オリーブ、ケッパーを入れる。

5 パルメザンチーズ、オリーブオイルを入れ、全体をさっとあえる。

6 黒コショウをふりかける。

＼レシピポイント／

フェタチーズ以外のお好みのチーズを使っても美味しくできます。ケッパーは、木の花のつぼみを酢漬けにしたものです。手に入らないときは、酸味を補うためにバルサミコ酢を少し加えると美味しく仕上がります。

15 パプリカのペペロナータ
Peperonata
giorno

ペペロナータはパプリカをタマネギとトマトと炒めて煮込んだ料理です。イタリアでは前菜のつけあわせとしてよく食卓に並びます。できたての熱々はもちろん、冷蔵庫に置いておくと味がしっかり染み込み、冷たいままでも美味しくいただけます。

材料　2人分
パプリカ（赤・黄）･･･各1個　　タマネギ･･･1個
ニンニク･･･2かけ　　トマト缶･･･1缶分
乾燥オレガノ･･･大さじ1　　バジル･･･1枚
オリーブオイル、塩･･･適量

下準備

パプリカのヘタを取り、半分に切って手で中の種を取る。タマネギを半分に切り、スライスする。

1 パプリカを1cm幅くらいの細切りにする。

2 鍋にスライスしたニンニクとたっぷりのオリーブオイルを入れ、中火で炒める。ニンニクの香りをしっかり出す。

3 パプリカ、タマネギを鍋に入れる。蓋をして、しんなりするまで蒸し焼きにする。

4 野菜がしんなりしたら、オレガノ大さじ1とトマト缶をつぶしながら入れる。

5 塩大さじ1を入れて、鍋に蓋をして10分ほど煮込む。

6 バジルを手でちぎって入れ、全体をあえる。塩気が足りない場合は、お好みで塩をふる。

＼レシピ ポイント／

パプリカは黄・オレンジ・赤の順で熟成度が増します。熟成するほど甘味も増すので、苦味が苦手な方は赤いものを選んでください。しかし、どれもピーマンのような苦味はなく、黄と赤の2種類を使うと色鮮やかに仕上がります。

 ## 16 ナスのピザ
Pizza alle melanzane

giorno

南イタリアに多い厚くもっちりとした生地と、北イタリアに多い薄くパリっとした
生地があります。このピザは薄い生地で、食事だけでなく小腹が空いた時におやつ
感覚で食べられる軽い食感です。お好みの具材を自由にトッピングしてください。

材料　2人分

ナス … 1本　　ピザ生地 … 1枚分　　トマトソース … 大さじ3
モッツァレラ … 40g　　パルメザンチーズ … 大さじ3
アンチョビフィレ … 3尾分　　乾燥オレガノ … 大さじ1
ケッパー … 大さじ1　　オリーブオイル、塩 … 適量

1 ナスを3mmくらいにスライスする。

2 フライパンにオリーブオイルをひき、両面に焦げ目がつく程度に中火でナスを焼く。

3 ピザ生地を回しながら、22cmくらいに薄く伸ばしていく。

4 ピザ生地の上にトマトソースを薄く塗る。オレガノを全体にふる。

5 ナス、モッツァレラ、パルメザンチーズ、ケッパー、小さくちぎったアンチョビフィレをまんべんなく載せる。

6 オリーブオイルを全体にかけ、250℃のオーブンで5分くらい焼く。

＼レシピ ポイント／

ピザ生地は、麺棒は使わずに重力を利用してゆっくり手で回しながら薄く伸ばしていくと上手くできます。上の方を優しく押して、少しずつ広げます。生地が厚いとパリっとした歯ごたえにならないので、薄く仕上げます。

簡単で美味しいピザ生地の作り方

ピザはお手頃で、気取らず手軽に食べられるイタリア庶民の味です。粉から作るのは大変と思うかもしれませんが、配合など何度も改良を重ねたこの作り方は、難しい行程もなく、料理に不慣れな人でも簡単に美味しいピザ生地ができます。手作りした生地は、ふっくらもっちりした食感と、さくさくの口当たりが同時に楽しめます。

1 ボールに強力粉、中力粉、塩を入れて、よくまぜあわせる。

2 別のボールに、ぬるま湯とドライイーストを入れて、よくまぜあわせる。

3 1のボールに、2を数回に分けて少しずつ流し込む。

4 ヘラで全体をまぜあわせる。

5 手の平で押すように力を入れて、生地がきめ細かくなめらかになるまでこねる。

6 15分ほどこねて、耳たぶくらいの柔らかさにする。

材料（4枚分）

強力粉 ··· 150g　　中力粉 ··· 240g　　塩 ··· 8g　　オリーブオイル ··· 適量
インスタントドライイースト ··· 6g　　ぬるま湯（25℃くらい）··· 240cc
中力粉が手に入らない場合、強力粉（390g）だけでも作ることができます。

7 生地を丸くまとめ、ボールに入れて表面全体に手でオリーブオイルを薄く塗る。

8 ラップをかけて、常温で30〜40分寝かせる。寒い季節は長めに置く。

9 2倍以上の大きさに膨らむまで、一次発酵させる。

10 生地を手の平で押して空気を抜く。

11 生地を四等分して、丸く形を整える。

12 パットに並べ、表面全体に手でオリーブオイルを薄く塗りラップをかける。冷蔵庫で2時間以上寝かせて二次発酵させる。

カボチャのポタージュ

Potage di zucca

giorno

カボチャの甘味が凝縮した、本格的な寒さを迎える晩秋にほくほくあたためてくれるメニューです。ポタージュは本来濾して作りますが、これは誰でも簡単にできるお手軽レシピ。暑さの残る初秋の頃なら、冷製で仕上げても美味しくいただけます。

材料　2人分

カボチャ ・・・1/4個　　　タマネギ ・・・1/2個

生クリーム ・・・ 200cc　　牛乳 ・・・ 400cc

オリーブオイル、塩、パルメザンチーズ、黒コショウ ・・・適量

下準備

カボチャとタマネギの皮をむき、スライスする。

1 皿にカボチャを入れ、水を 50cc くらい加える。ラップをかけ、電子レンジで 5 分ほど加熱する。

2 フライパンにオリーブオイルをしく。タマネギを入れてしんなり透明になるまで中火で炒める。

3 1 を 2 に入れ、水を 100cc くらい加えて、全体がくったりするまでまぜながら中火で炒める。塩をひとつまみふる。

4 3 を容器に移し、ハンドミキサーでなめらかになるまでまぜる。

5 生クリームと牛乳を加え、泡立て器などでなめらかになるまでしっかりまぜあわせる。鍋に入れ、弱火であたためる。

6 皿に盛り、パルメザンチーズ、黒コショウをふりかける。

＼レシピ ポイント／

電子レンジを使い、手軽に短時間で作りました。電子レンジで加熱しても、カボチャの甘味を逃がさずしっかり味わうことができます。冷製スープのように仕上げたい時は、牛乳の分量を増やして好みの濃さに調整します。

キノコとヤリイカのリングイネ

Linguine ai funghi e calamari

giorno

旬のいろいろなキノコを使うので、味わいと食感の調和が楽しめ、口の中で風味が
何倍にも広がります。好みのキノコで作れますが、僕のおすすめはエリンギ、マ
イタケ、シメジ。素材の旨味を存分に楽しむために、シンプルに仕上げました。

材料　2人分

エリンギ、マイタケ、シメジなどのキノコ類 ・・・ 100g
ヤリイカ ・・・ 1杯　　セミドライトマト ・・・ 6個
ニンニク ・・・ 1/2かけ　　リングイネ ・・・ 120g
イタリアンパセリ、オリーブオイル、塩、岩塩 ・・・ 適量

1 イカの内臓を取り、食べやすい大きさに切って塩をふる。

2 キノコ類、セミドライトマト、イタリアンパセリを細かく刻み、ニンニクをみじん切りにする。

3 フライパンにオリーブオイルを多めに入れる。あたたまってきたところでイカとキノコを入れて、中火で炒める。

4 イカに火が通ったら、ニンニク、イタリアンパセリ、セミドライトマトを加える。

5 煮つまってきたら、パスタのゆで汁を加えて調整する。

6 沸騰した湯にたっぷりの岩塩を入れてゆでたリングイネを加え、よくからめる。刻んだイタリアンパセリをふりかける。

＼レシピ ポイント／

イカは焼きすぎると硬くなってしまうので、パスタのゆで汁を加えて調整しながら手早く仕上げます。キノコはしっかり炒めるととろみが出て美味しくなりますが、香りを存分に楽しむために焦がさないよう注意します。

 19
giorno

ジャガイモとタラのマンテカート
Patate e merluzzo mantecati

マンテカートはこねることを意味し、その名の通りこねてペースト状に仕上げます。
ヴェネツィア地方では寒くなりはじめると必ず食卓に並ぶ定番料理です。ジャガイ
モは、しっとりなめらかな食感のメークインを使うとより美味しく仕上がります。

材料　2人分

ジャガイモ・・・小2個（200gくらい）　　甘塩タラ・・・300g
ニンニク・・・2かけ　　白ワイン・・・100cc　　生クリーム・・・200cc
バター・・・20g　　カンパーニュ（またはバゲット）・・・スライス2枚
オリーブオイル、イタリアンパセリ、黒コショウ・・・適量

下準備

ジャガイモをしっかり火が通るまでゆでて、皮をむく。甘塩タラの皮を取り、8等分くらいに切る。

1 フライパンにオリーブオイル、つぶしたニンニクを入れ焦げ目がつくまで中火で炒める。タラを入れ両面2分ずつ炒める。

2 ジャガイモをひと口大に切り、フライパンに入れる。白ワインを入れて、よくまぜながら炒める。

3 バター、生クリームを入れてひと煮立ちさせる。

4 冷めたら容器に移し入れる。ハンドミキサーでしっかりなめらかになるまでペーストする。

5 カンパーニュを食べやすい大きさに切り、トーストする。

6 5の表面に生のニンニクを塗り込み、上に4を載せる。刻んだイタリアンパセリ、黒コショウ、オリーブオイルをかける。

＼レシピ ポイント／

生タラではなく、タラを塩漬けにした甘塩タラを使うとちょうどいい塩気になります。塩気が強い時はジャガイモの量を少し増やして調整します。食べきれない場合は冷蔵保存して、サラダなどに入れても美味しくいただけます。

ブロッコリーペーストのファルファーレ

Farfalle al pesto di broccoli

giorno

ブロッコリーをペースト状にして、ホタテとエビ、アンチョビペーストといろいろ
な魚介とあわせました。蝶形のショートパスタのファルファーレに柔らかい緑色の
ソースがからんだ様子は、森の中を優雅に舞う蝶のようで、とても愛らしいです。

材料　2人分

ブロッコリー・・・小1株　　エビ・・・8尾　　ホタテ・・・8個

アンチョビペースト・・・8g　　白ワイン・・・50cc

ニンニク・・・1かけ　　ファルファーレ・・・120g

イタリアンパセリ、オリーブオイル、塩、岩塩・・・適量

下準備

エビの背ワタを取る。ニンニクをスライスする。

1 沸騰した湯に岩塩を大さじ2くらい入れ、小分けにしたブロッコリーを5分ほどゆでる。

2 ゆでたブロッコリーにアンチョビペースト、オリーブオイル、パスタのゆで汁を少し加え、ミキサーでペースト状にする。

3 エビとホタテに軽く塩をふり、オリーブオイルをひいたフライパンに並べ、中火で焼き目をつけていく。

4 焼き目がついたら、ニンニク、白ワインを入れる。具材に火が通ったらボールに移す。

5 ボールにペースト状にしたブロッコリー、オリーブオイルを加え、まぜあわせる。

6 沸騰した湯にたっぷりの岩塩を入れてゆでたファルファーレを加えよくからめる。刻んだイタリアンパセリをふりかける。

＼レシピ ポイント／

ブロッコリーはなめらかな質感になるまでしっかりペーストすると、香りが出て、色鮮やかな緑になります。ハンドミキサーがない方はブロッコリーが崩れるくらいまで少し長めにゆでて、すりこぎ棒などでつぶしてください。

ニンジンソースと白身魚のソテー

Pesce bianco alla salsa di carote

giorno

ニンジンとタマネギをしっかり炒めて甘いソースにしました。鮮やかなオレンジ色が食卓を彩ってくれます。ニンジン独特の青臭さが苦手な方もいると思いますが、じっくり炒めて作るこのソースはそれが気にならず、優しい甘味が楽しめます。

材料　2人分

ニンジン ･･･ 1/2本　　タマネギ ･･･ 1/4個　　白身魚 ･･･ 2切れ

ニンニク ･･･ 1かけ　　バター ･･･ 10g　　セージ ･･･ 1本

乾燥オレガノ ･･･ 小さじ1/2　　ケッパー ･･･ 小さじ1/3

オリーブオイル、イタリアンパセリ、塩、黒コショウ ･･･ 適量

下準備

ニンジン、タマネギ、ニンニクをみじん切りにする。白身魚の皮の方に、十字に切れ目を入れる。

1 フライパンにオリーブオイルをしき、ニンニクに焦げ目がつくまで中火で炒める。タマネギを入れて透明になるまで炒める。

2 ニンジンを入れて、弱火で5〜7分じっくり炒める。水分が少なくなってきたらこまめに水を加えて、とろんとさせる。

3 全体にとろみがついてきたら、オレガノ、ケッパーを加える。バターを入れて火を止め、塩と黒コショウをふる。

4 別のフライパンにオリーブオイルをしき、セージを入れる。白身魚を皮の方を下にして、弱〜中火で5分くらい焼く。

5 セージは焦げないように、白身魚の上に載せる。全体に火が通ったら、裏返して1分くらい焼く。

6 皿に3のソースを盛り、その上に白身魚を載せる。お好みで刻んだイタリアンパセリをふりかける。

＼レシピポイント／

白身魚はお好みのものでいいですが、淡白ながらしっかり脂が乗ったコクのあるタイやスズキがおすすめです。白身魚を焼くときは、皮の方を下にして、フライパンを動かさず皮がパリっとするようにじっくり火を入れます。

カブとサンマのボンゴレ

Linguine alle vongole, rapa e luccio sauro

giorno

秋の訪れを知らせる魚のサンマと、秋に甘味が増すカブをあわせた、秋の美味しさがつまったメニューです。サンマは苦味が出ないようにワタは取っておきます。カブの茎のつけ根の部分は旨味が強く栄養豊富なので、落とさず残して調理します。

材料　2人分

カブ・・・1個　　サンマ・・・2尾

ニンニク・・・1/2かけ　　アサリ・・・16個　　リングイネ・・・120g

白ワイン、オリーブオイル、イタリアンパセリ、塩、岩塩・・・適量

下準備

サンマはワタ、頭、尾、骨を取る。アサリを海水と同じ約3％の濃度の塩水につけて、砂抜きする。

1 焼いたサンマを食べやすい大きさに切る。カブは薄めの乱切りに、ニンニクはみじん切りにする。

2 切ったカブにオリーブオイルと塩を軽くふり、フライパンに並べて中火で焼き目をつけていく。

3 ニンニク、オリーブオイル、アサリを入れる。ニンニクに焦げ目がついたら、白ワインを加えて蓋をする。

4 アサリが開いたらサンマ、刻んだイタリアンパセリを入れる。

5 汁気が少ないようなら、パスタのゆで汁を少し加えて調整する。

6 沸騰した湯にたっぷりの岩塩を入れてゆでたリングイネを加え、よくからめる。

＼レシピ ポイント／

サンマを焼き、1日ほど冷蔵庫で寝かして少し硬くなったものを使って調理すると身が崩れにくく、きれいにできます。パスタは弾力がありもっちりとした食感で、魚介のソースによくあう楕円形のリングイネがおすすめです。

レンコンと鶏肉のはさみ焼き

Radice di loto farcito di pollo

giorno

日本らしい食材のレンコンを、イタリアンらしい味つけで調理しました。ほっくり
としたレンコンの食感とハーブの香りがよくあい、豊かな味わいが口の中に広がり
ます。はさんでいく行程は工作みたいなので、楽しみながら作ってください。

材料　2人分

レンコン ・・・ 大1節分くらい　　鶏ひき肉 ・・・ 200g
ニンニク ・・・ 1/3かけ　　フェンネル ・・・ 小さじ 1/4
パルメザンチーズ ・・・ 大さじ1　　ローズマリー ・・・ 1枝
オリーブオイル、薄力粉、塩、黒コショウ ・・・ 適量

1 レンコンを 3mm くらいの幅で、12枚切る。

2 ボールに鶏ひき肉、ニンニク、フェンネル、パルメンチーズ、塩をひとつまみ入れてよくまぜる。

3 レンコンの上に2を載せ、その上にレンコンを載せてはさむ。これを6個作る。

4 3の表面全体に薄力粉をまぶす。余分な粉は、はたいて落とす。

5 フライパンにオリーブオイルをしく。ローズマリーを入れて、4を中火で焼く。

6 両面4分ずつ、計8分くらい焼く。お好みで黒コショウをふりかける。

＼レシピ ポイント／

鶏ひき肉をレンコンではさんだ後、しっかり押さえてレンコンの穴の中にも鶏肉をつめます。薄力粉をまぶした後、余分な粉をしっかり落とします。焦げつかないように注意しながら、両面にほどよく焦げ目がつくまで焼きます。

ハクサイと豚バラ肉のペペロンチーノ
Spaghetti aglio, olio e peperoncino al cavolo cinese e pancetta di maiale
giorno

イタリアンではあまり使われることがないハクサイを、豚バラ肉とあわせて、他では味わえない一風変わったペペロンチーノに仕上げました。スパイスのクミンを加えることで、スライスした豚肉と冬のハクサイの甘味がより際立ちます。

材料　2人分
ハクサイ・・・3～4枚　　豚バラ肉（スライス）・・・80g
クミン・・・小さじ1　　ニンニク・・・1/2かけ　　トウガラシ・・・2本
イタリアンパセリ、パルメザンチーズ、オリーブオイル、
塩、岩塩・・・適量　　スパゲッティ・・・120g

下準備

ハクサイと豚肉を食べやすい大きさに切り、豚肉に軽く塩をふる。ニンニクとトウガラシをスライスする。

1 フライパンにオリーブオイルを多めに入れる。豚肉、トウガラシ、クミンを入れて中火で炒める。

2 豚肉に火が通ったらニンニクを入れ、全体に香りが回るように炒める。

3 ニンニクの香りが立ってきたら、ハクサイ、刻んだイタリアンパセリ、パスタのゆで汁を少し加える。

4 ハクサイがしんなりしてきたら、沸騰した湯にたっぷりの岩塩を入れてゆでたスパゲッティを加える。

5 パルメザンチーズを加える。

6 よくからめる。お好みで刻んだイタリアンパセリをふりかける。

＼レシピ ポイント／

豚肉を焦がさないように注意しながらしっかり炒めて油を出します。最初に炒めることが多いニンニクを、豚肉の油が出たところに加えることで豊かな香りが引き出されます。香りが広がるようフライパンを回しながら炒めます。

25 シュンギクとベーコンのサラダ

Insalata di shungiku e bacon

giorno

鍋物に入れて食べることが多いシュンギクですが、旬の冬のものは甘さがあり、生のままサラダにすると思いの外クセもなく、美味しくいただけます。こんがり炒めたベーコンブロックと風味豊かなシメジをあわせた、冬に味わいたいサラダです。

材料　2人分

シュンギク … 1束　　シメジ … 1/2房　　トマト … 1/2個

ベーコン（ブロック）… 40g　　ニンニク … 1かけ

オリーブオイル、塩、パルメザンチーズ … 適量

下準備

シメジの軸を切り、食べやすい大きさに分ける。ベーコンを5mm幅くらいに切る。

1 フライパンにオリーブオイルをしき、刻んだニンニクを入れる。塩をひとつまみふり、ベーコン、シメジを中火で炒める。

2 ベーコンに焦げ目がつき全体がとろっとしたらボールに入れ、しばらく置いて粗熱を取る。

3 シュンギクを食べやすい大きさに切る。

4 トマトをさいの目状に切る。

5 2の粗熱が取れたら、ボールに生のシュンギクとトマトを入れる。

6 パルメザンチーズをふり、オリーブオイル大さじ2を入れて、さっくりあえる。

＼レシピ ポイント／

ベーコンはスライスではなく、食感が楽しめるブロックを使います。ベーコンとシメジは炒めた後、しっかりと粗熱を取ります。熱いうちにあえてしまうとシュンギクがしんなりして、シャキシャキ感がなくなってしまいます。

レモンとエビのスパゲッティ

Spaghetti ai gamberi al limone

ハワイにあるイタリアンの店で食べた、バターとレモンをあわせたパスタをベースにして、大幅にアレンジを加えました。バターで作るソースは濃厚なものが多いけれど、香りの高い冬の新鮮なレモンを絞ることで、爽やかで優しい甘味が楽しめます。

材料　2人分

レモン ・・・ 1/2個　　エビ ・・・ 12尾
ルッコラ ・・・ 1束（半分は盛りつけ用）　　バター ・・・ 30g
オリーブオイル、塩、岩塩 ・・・ 適量　　スパゲッティ ・・・ 120g

下準備

エビは背ワタを取って、軽く塩をふる。レモンの果汁を絞る。ルッコラをさっと水洗いし、根元を切る。

1 フライパンにバターとエビを入れ、中火で炒める。

2 エビの色が変わったら、レモン果汁を加える。

3 パスタのゆで汁を少し入れて調整する。

4 全体がなじんだら、ルッコラを手でちぎりながら入れ、しんなりするまで炒める。

5 沸騰した湯にたっぷりの岩塩を入れてゆでたスパゲッティを加える。

6 よくからめる。ルッコラを盛りつけて、オリーブオイルをかける。

＼レシピ ポイント／

バターを焦がさないように注意しながらエビを炒めます。ルッコラは炒めるものと、最後に生で盛りつけるものを分けることで、食感や風味の違いが楽しめます。レモンは新鮮な酸味が楽しめる、生の絞りたてがおすすめです。

27 ホウレンソウのニンニクソテー

giorno

Salsiccia con spinaci all'aglio

つけあわせとして使われることが多いホウレンソウを、香りの高いニンニクオイル
で炒め、主役に仕立てしました。ソーセージは大きなものをそのままゆでてから、
少し焦げ目がつくくらいに炒めると、味が凝縮されて美味しくいただけます。

材料　2人分

ホウレンソウ・・・1束　　ニンニク・・・2かけ
ソーセージ・・・大2本　　オリーブオイル・・・大さじ3
塩、岩塩、パルメザンチーズ・・・適量

1 鍋にたっぷりの湯を沸かし、岩塩をひとつまみ入れる。ホウレンソウをそのまま入れて、しんなりするまでさっとゆでる。

2 ゆでたホウレンソウの根元を落とし、三等分に切る。水気をしっかり絞る。

3 フライパンにオリーブオイルを大さじ3入れる。つぶしたニンニクを入れて、中火で少し焦げ目がつくまで炒める。

4 ホウレンソウを入れ、オリーブオイルをしっかりからめながら3分くらい炒める。仕上げにパルメザンチーズをふりかける。

5 ソーセージを沸騰させない70〜80℃の湯で10〜15分ゆっくりゆでる。その後、少し焦げ目がつく程度に中火で焼く。

6 皿にホウレンソウとソーセージを盛りつける。ソーセージを食べやすい大きさに切る。

＼レシピ ポイント／

ホウレンソウのえぐ味と苦味が苦手な方も多いと思いますが、ゆでた後しっかり水気を絞ってからニンニクオイルで炒めることで、それが気にならなくなります。冬は甘味が増して美味しいので、寒い季節に味わって欲しいです。

28 giorno 芽キャベツと黒コショウのペペロンチーノ

Spaghetti aglio, olio, e peperoncino con cavoletti di bruxelles e pepe nero

芽キャベツは味が濃く存在感があり、野菜の旨味がしっかり味わえます。ペペロンチーノだけれどトウガラシは使わず、香りの高い黒コショウで仕上げました。アンチョビペーストを加えることで、甘い芽キャベツの美味しさが一層引き立ちます。

材料　2人分

芽キャベツ … 8個　　ニンニク … 1/2 かけ
アンチョビペースト … 小さじ 2
黒コショウ、イタリアンパセリ、パルメザンチーズ、
オリーブオイル、塩、岩塩 … 適量　　スパゲッティ … 120g

下準備

芽キャベツを半分に切り、沸騰した湯に岩塩を加え 3 分ほど下ゆでする。ニンニクをスライスする。

1 フライパンにオリーブオイル、ニンニクを入れて、中火にかける。

2 ニンニクに少し焦げ目がついたら芽キャベツを入れ、焼き目がつくように炒める。

3 焼き目がついたら、アンチョビペースト、黒コショウ、刻んだイタリアンパセリを加えてひと煮立ちさせる。

4 煮つまってきたら、パスタのゆで汁を少し入れて調整する。

5 沸騰した湯にたっぷりの岩塩を入れてゆでたスパゲッティを加える。

6 よくふってからめる。お好みでパルメザンチーズをふりかける。

＼レシピ ポイント／

芽キャベツは水分が出ないようフライパンはあまり動かさずに焼き、濃い旨味をしっかりと閉じ込めます。焦がさないように注意しながら、キツネ色になるまで焼き込むと香ばしさも加わり、さらに美味しさが増します。

 29
giorno

ゴボウと鶏むね肉のサラダ

Insalata di gobo e petto di pollo

和の印象が強いゴボウを、少し視点を変えて、イタリアンでも使うことの多いマヨネーズと粒マスタードで調理し、爽やかなサラダに仕上げました。僕のお店ではサンドイッチの具材として使っていて、パンにはさんで食べてもとても美味しいです。

材料　2人分

ゴボウ ･･･ 1本　　鶏むね肉 ･･･ 1切れ（200 〜 250g）

ルッコラ ･･･ 1/2束　　マヨネーズ ･･･ 大さじ3

粒マスタード ･･･ 大さじ1

オリーブオイル、塩、岩塩、パルメザンチーズ ･･･ 適量

下準備

鶏むね肉の皮を取る。ルッコラをさっと水洗いし、根元を切る。

1 ゴボウの皮をむく。斜めに、5mm 幅くらいにスライスする。

2 熱湯に岩塩をひとつまみ入れ、1分くらいさっとゆでる。ゆで上がったら、しばらく水にさらしておく。

3 沸騰した湯に岩塩をひとつまみ入れ、鶏むね肉を3分ほどゆでる。火を止めて10〜15分くらいおく。

4 氷水でよく冷ます。

5 鶏むね肉の繊維にそって、手で細くさく。

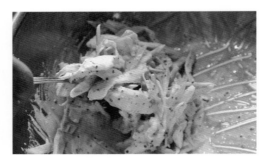

6 ボールに水気を切ったゴボウ、鶏むね肉、マヨネーズ、粒マスタードを入れてあえる。皿に盛りつけ、ルッコラをそえる。

＼レシピ ポイント／

鶏むね肉は高温で一気にゆでるとパサパサになるので、3分ほどで火を止めて余熱でじっくり火を入れます。真ん中あたりを押して硬くなっていたら火が中までしっかり通っていますが、柔らかいときはもう少し置いておきます。

30 ドライトマトと豚バラ肉のオイルパスタ

Spaghetti all'olio con pomodori secci e pancetta di maiale

ニンニクの高い香りとトマトの甘味が楽しめるオイルパスタ。トマトの旨味を味わいたい時、僕は濃厚なセミドライトマト（ドライトマトのオイル漬け）を使います。イタリアを代表する保存食で、新鮮なトマトが手に入りにくい冬場に重宝します。

材料　2人分

セミドライトマト・・・6個　　豚バラ肉（スライス）・・・80g

ニンニク・・・1/2かけ　　パン粉・・・10g　　スパゲッティ・・・120g

イタリアンパセリ、オリーブオイル、塩、岩塩・・・適量

下準備

豚肉を食べやすい大きさに切り、軽く塩をふる。ニンニクをスライスする。

1 フライパンに多めのオリーブオイルとニンニクを入れて中火にかける。

2 ニンニクの香りが立ってきたら、豚肉を入れて炒める。

3 豚肉に火が通ったらセミドライトマトを入れる。全体がなじんだところでパン粉を加える。

4 刻んだイタリアンパセリとパスタのゆで汁を少し加えてひと煮立ちさせる。

5 ソースにとろみがついたら、沸騰した湯にたっぷりの岩塩を入れてゆでたスパゲッティを加える。

6 よくふってからめる。お好みで刻んだイタリアンパセリをふりかける。

\レシピ ポイント/

豚肉は火を通しすぎると硬くなるので、多めのオリーブオイルでさっと炒めます。オリーブオイルをたくさん使うとサラッとしすぎてしまうので、パン粉でとろみをつけます。そうすることで、なめらかな舌触りが楽しめます。

TARUI BAKERY

SANGUBASHI

Rainbow Bldg. B1
4-5-13 Yoyogi

自家製酵母パンのサンドイッチ

　僕が料理修行をしていたフィレンツェは歴史のある街で、中世から残る荘厳な建物を眺めながらアルノ川沿いをレストランまで通う道中が毎日楽しみでした。暮れ紛れになると川沿いにあたたかな橙色が灯ります。優しい光が川面に映る美しい夕景を街の皆が愛していて、イタリアでの思い出とともに僕の記憶に深く刻まれています。

　レストランを始めて9年が経とうとしていた頃、もう1つ店を持つ機会が巡ってきました。ふとフィレンツェの夕景を思い出した僕は、新しい店を今よりもっと街に溶け込んだ場所にしたいと考えました。物件は十分な広さがあり、レストランだけでなく、街の人たちが必要とする店が一緒にできたら楽しいだろうなと想像しました。

　僕が真っ先にその街に欲しいと思ったのは、美味しいパン屋でした。そんな時に、いつも通っている近所のパン屋の店長だった樽井勇人さんが、自分の店を持ちたいと話していたことを人伝で耳にしました。レストランの隣でパン屋をやって欲しいとお願いしたところ、樽井さんは快諾してくれて、自家製酵母パン屋 TARUI BAKERY と僕のイタリアンレストラン LIFE son が隣りあう、新しい店が生まれました。

　この店では1年を通して、TARUI BAKERY のパンと季節の野菜を使ったサンドイッチを出していて、看板メニューのひとつになっています。その中から、おうちで簡単に美味しく作ることができる4メニューを紹介します。

　新しい店は、僕が想像していた以上の良い化学反応を起こすことができました。イタリアンを食べた後に明日の朝のパンを買って帰る、パンを買いに来たついでにランチを楽しむことが日常になっているようです。いつの日か、フィレンツェで目にしたあの優しい光のような、街に溶け込み皆に安らぎを与えられる存在になりたいです。

ゆで卵とアンチョビのカンパーニュ・タルティーヌ

Tartine di campagne all'uova sode e acciughe

タルティーヌはフランス発祥のスライスしたパンに具材を載せただけのお手軽サンド。それをイタリアン風に仕上げました。マヨネーズをゆで卵に練り込まずパンに塗ることで卵の旨味が楽しめ、アンチョビフィレで塩気をつけることで味に深みが増します。

材料　1人分

カンパーニュ・・・スライス3枚
卵・・・1個
アンチョビフィレ・・・3尾分
マヨネーズ、イタリアンパセリ、
パルメザンチーズ、黒コショウ・・・適量

作り方

1 卵を水から入れて15分ほどゆでる。湯から上げて冷水で冷まし、殻をむいたら細かく刻む。

2 カンパーニュを1.5cm幅くらいにスライスする。大きい場合は半分にカットする。

3 カンパーニュの表面にマヨネーズを塗る。

4 刻んだゆで卵をたっぷり盛りつけ、卵の上に小さく切ったアンチョビフィレをちらす。

5 刻んだイタリアンパセリ、パルメザンチーズ、黒コショウをふりかける。

生ハムとモッツァレラのカンパーニュ・タルティーヌ

Tartine di campagne al prosciutto e mozzarella

生ハムは、柔らかくて塩味が強く、パンによくあう風味豊かなイタリア・パルマ産のものを使いました。定番中の定番ともいえる、もちもちとした食感のイタリア産チーズのモッツァレラを組みあわせて、イタリアンらしいタルティーヌに仕上げました。

材料　1人分

カンパーニュ ･･･ スライス3枚
生ハム ･･･ 3枚　バジル ･･･ 3枚
モッツァレラ ･･･ 5mmのスライス3枚
バジルソース ･･･ 大さじ1
パルメザンチーズ、黒コショウ ･･･ 適量
◎バジルソース（約200cc分）
バジル ･･･ 25枚　ニンニク ･･･ 1/2かけ
EXオリーブオイル ･･･ 100cc
松の実 ･･･ 40g　パルメザンチーズ ･･･ 50g
塩 ･･･ ひとつまみ

作り方

1 カンパーニュを1.5cm幅くらいにスライスする。

2 スライスした生ハム、モッツァレラを載せる。

3 パルメザンチーズと黒コショウをふりかける。バジルをちぎってちらし、バジルソースをかける。

◎バジルソースの作り方

バジル、松の実、ニンニク、塩、オリーブオイル（2/3の量）を入れてフードプロセッサーで回す。さっくりまざったら、パルメザンチーズと残りのオリーブオイルを入れ、なめらかになるまで回す。

夏野菜とソーセージのバゲット・ホットドック

Hot dog di baguette con le verdure estive e salsiccia

柔らかいパンで作るところを、あえて硬めのバゲットを使い、食感が残るくらいに炒めた夏野菜と粗挽きの生ソーセージをはさみました。マスタードとケチャップではなく、夏が旬の新鮮な生のバジルで作ったソースを使い、爽やかな風味にしました。

材料　1人分

バゲット ··· 1/2本
ソーセージ ··· 大1本
ナス ··· 1スライス分
ズッキーニ（緑・黄）··· 各1スライス分
塩、オリーブオイル、
パルメザンチーズ ··· 適量
＊バジルソースの分量、作り方は77頁を
参照ください

作り方

1 ナスとズッキーニを5mmほどにスライスする。

2 ソーセージを、沸騰させない70〜80℃の湯で、10〜15分ゆっくりゆでる。

3 フライパンにオリーブオイルをしき、ゆでた生ソーセージと野菜を、少し焦げ目がつく程度に中火で焼く。途中、軽く塩をふる。

4 バゲットの真ん中に切れ目を入れて、ソーセージと野菜をはさむ。

5 バジルソースとパルメザンチーズをかける。

フルーツのマフィン・タルティーヌ

Tartine di muffin alla frutta

イングリッシュマフィンを使い、デザートに仕上げました。白いマフィンの上に、鮮やかな橙色のマンゴーが載った姿が愛らしいです。甘いマンゴーとパッションフルーツのつぶつぶ感、爽やかなクリームチーズの組みあわせの妙を味わってください。

材料　1人分

イングリッシュマフィン ・・・ 1個
マンゴー ・・・ 1/2個
パッションフルーツ ・・・ 1/2個
クリームチーズ ・・・ 40g
パルメザンチーズ、黒コショウ、
ミント、オリーブオイル ・・・ 適量

作り方

1 イングリッシュマフィンを上下半分にカットして、クリームチーズをたっぷり塗る。

2 マンゴーを、真ん中にある種の部分を避けて3枚にカットする。さいの目状に包丁を入れて、皮の方から押し出すように反り、実をカットする。

3 カットしたマンゴーを1に載せる。パッションフルーツをカットし、中の果肉を上にかける。

4 パルメザンチーズ、黒コショウ、ミント、オリーブオイルをふりかける。

相場正一郎（あいば・しょういちろう）

1975 年栃木県生まれ。1994 年〜 1999 年にイタリアのトスカーナ地方で料理修行。東京都内の
イタリアンレストランで店長兼シェフとして勤務した後、2003 年東京・代々木公園駅にカジュ
アルイタリアン「LIFE」をオープン。全国で 4 店舗のレストランを運営しており、カルチャー
を作る飲食店としても注目を集めている。主な著書に『山の家のイタリアン』、『30 日のパスタ』
（ミルブックス）、『世界でいちばん居心地のいい店のつくり方』（筑摩書房）、『LIFE のかんたん
イタリアン』（マイナビ）がある。二児の父親であり、週末は家族で栃木県那須町にある山の家
で暮らす二拠点生活を送っている。

写真・企画　近藤泰夫（hue inc.）
アートワーク　山瀬まゆみ
編集・デザイン　藤原康二
レシピ協力　成田航平（LIFE）　木村翔太郎（LIFE son）
編集協力　星本和容　稲垣葵（MilK JAPON 編集部）　MilK JAPON
　　　　　Keiko Callai　TARUI BAKERY　LIFE　LIFE son

30日のイタリアン

2020 年10月10日　初版第 1 刷

著者　　　相場正一郎
発行者　　藤原康二
発行所　　mille books（ミルブックス）
　　　　　〒 166-0016　東京都杉並区成田西 1-21-37 # 201
　　　　　電話・ファックス　03-3311-3503　　http://www.millebooks.net
発売　　　株式会社サンクチュアリ・パブリッシング（サンクチュアリ出版）
　　　　　〒 113-0023　東京都文京区向丘 2-14-9
　　　　　電話　03-5834-2507　　ファックス　03-5834-2508
印刷・製本　シナノ書籍印刷株式会社